MAESTRÍA MENTAL
DESCUBRE EL PODER DE LA
DISCIPLINA Y LA CONSTANCIA

ExLibric

RAÚL GARCÍA VILLODRES

MAESTRÍA MENTAL
DESCUBRE EL PODER DE LA
DISCIPLINA Y LA CONSTANCIA

EXLIBRIC
ANTEQUERA 2024

**MAESTRÍA MENTAL. DESCUBRE EL PODER
DE LA DISCIPLINA Y LA CONSTANCIA**
© Raúl García Villodres
Diseño de portada: Dpto. de Diseño Gráfico Exlibric

Iª edición

© ExLibric, 2024.

Editado por: ExLibric
c/ Cueva de Viera, 2, Local 3
Centro Negocios CADI
29200 Antequera (Málaga)
Teléfono: 952 70 60 04
Fax: 952 84 55 03
Correo electrónico: exlibric@exlibric.com
Internet: www.exlibric.com

ISBN: 979-13-87528-02-7
Depósito Legal: MA 2583-2024

Impresión: PODiPrint
Impreso en Andalucía – España

Nota de la editorial: ExLibric pertenece a Innovación y Cualificación S. L.

RAÚL GARCÍA VILLODRES

MAESTRÍA MENTAL
DESCUBRE EL PODER DE LA
DISCIPLINA Y LA CONSTANCIA

Introducción

Hola, soy Raúl. Este libro está hecho, sobre todo, para que conozcas la importancia de la disciplina, la constancia, de tener motivación, etc. Y una de las cosas más importantes que me gusta llevar a cabo es la mejora de la mentalidad.

Quiero que respetes mucho este libro, ya que contiene mucha información que es necesaria y es muy servible.

Pero comenzaré de una manera distinta; en eso no cabe que no hablemos de todas estas palabras importantes que dije en el primer párrafo, porque es la pieza fundamental de este libro.

Está distribuido en dos partes. La primera parte incluye capítulos, en los cuales cada capítulo engloba una etapa de mi vida. Y en la segunda parte del libro, entro más en profundidad para dar consejos, cómo mejorar si estás pasando por un mal momento, etc.

Yo solo espero que te guste este libro y que te sirva un montón de aprendizaje. Ten en cuenta que lo ha escrito un niño de quince años, por lo cual hay millones de cosas que aún no ha vivido, pero pienso que me veo preparado para hablar de temas que pueden ser interesantes y muy importantes para las personas que más lo necesiten o, también, para gente que quiera mejorar como persona.

1

Ahora sí. Comienzo, por fin, mi vida, un 29 de julio de 2008. En este capítulo hablaré de cuando tenía uno y dos años. Explicaré brevemente los dos juntos, porque son dos años muy parecidos. No se hace nada, solo comer, cagar y dormir, y así diariamente. Estoy en lo cierto, ¿verdad?

Fueron dos años duros para mis padres, porque no paré de llorar y pedir comida, porque era un glotón. Los pobres se tiraron muchísimas noches sin poder dormir, solo por culpa de un bebé que solo hacía esas tres cosas básicas que todo bebé hace.

Pero también coñazo para mi hermana, y supongo que os preguntaréis el porqué. Mi hermana, antes, al ser hija única, la miraban mucho a ella, pero, al llegar yo, estaban más pendientes de mí, porque soy pequeñito y todas esas cosas.

«Lo siento, hermana, pero es lo que tiene ser el hermano menor, el más mimado, según dicen».

Con el paso del tiempo, ya mis padres se fueron acostumbrando a cuidar a dos niños pequeños a la vez, mi hermana con cinco años y yo con tan solo un año.

Lo único que sé es que cuidar a dos niños pequeños fue muy duro, pero, al final, consiguieron adaptarse y no quedó otra que seguir hacia delante.

2

Una de las mejores etapas de mi vida, con tres, cuatro y cinco años. Terminé la guardería y empecé el colegio. Poco a poco, fui haciendo más amigos, hasta que tuve mi primer mejor amigo, pero no sabía que iba a estar con él durante tantos años, prácticamente, hasta la actualidad.

Fueron tres años impresionantes, llenos de cambios en mí. Y, por supuesto, vuelvo a repetir, años duros para mis padres, porque a esa edad se empieza a volver uno más rebelde, empezamos a desarrollar más los sentimientos…

Pero, bueno, es lo que toca a medida que va pasando el tiempo. Yo sé que fueron etapas complicadas, tanto para mí como para los demás.

La capacidad de memoria se va ampliando, pero no mucho, porque, con cinco años, la verdad es que mucha capacidad no es que tengamos.

3

En el tiempo que tuve entre seis y siete años, cambié mucho. Mi memoria se fue ampliando de una manera impresionante. A pesar de que fueron dos años muy cortos, pero fuertes por los estudios, empezaron mis primeros suspensos. Yo no le decía nada a mi madre, porque no quería que se enfadase conmigo, pero luego me abría la agenda y veía que había sacado un 4, entonces, me iba a pillar sí o sí.

No me podía salir con la mía en ningún momento. Pero, aun así, siempre fui un chico estudioso.

Yo era un niño que se enfadaba muy rápido y lo que recuerdo en estos dos años es que tengo un primo, que él también cuando era pequeño se enfadaba mucho y no paraba de pegarme, y siempre nos estábamos peleando. Cada vez que venía mi tía a Antequera, ya se sabía que habría pelea entre mi primo y yo, y nuestros padres siempre tenían que separarnos. Pero son cosas de niños pequeños, así que no había otro remedio.

Y empezó mi obsesión por Spider-Man, pero, ¡vaya! , que esto era desde aún más pequeño. Pero lo cuento ahora porque este es el momento del *boom* de Spider-Man en mí. Empecé a pedir muchos muñecos a Papá

Noel y a los Reyes Magos. Pero nada se comparó al regalo que me hizo mi abuela; es el mejor juguete que he tenido en mi vida o, mejor dicho, el mejor regalo que me han hecho. Era un peluche de unos veinte centímetros de Spider-Man. Me volví loco al recibir ese regalo. Hoy día lo recuerdo y, tal vez, se me saltan las lágrimas cuando pienso en ello, porque ese grandioso regalo tiene ya diez años. Y cada vez que se descosía, mi madre hacía todo lo posible para volver a tenerlo en perfecto estado.

Me encantaba jugar con él. Podía estar jugando, perfectamente, con el muñeco alrededor de unas cinco horas diarias, y porque no tenía más tiempo, porque con el colegio, luego hacer la tarea y a lo mejor más cosas, pues eso me lo impedía.

Cuando me quedaba en la casa de mi abuela para dormir, siempre me lo llevaba para estar junto con mi abuela. Era una obsesión muy grande la que yo tenía con ese muñeco, la cual me ha marcado mucho en mi vida y, sobre todo, en mi infancia.

Retirándome de la descripción de cómo me fue con mi Spider-Man, entramos ahora a un acto que se hace siempre en Semana Santa: los tronos chicos.

Yo era un amante de eso, siempre salía, y lo que más me gustaba era ser el hermano mayor. Aún me acuerdo cómo el padre de mi amigo, que era quien organizaba todo eso, me decía lo que tenía que hacer, aunque yo también era muy listillo y ya sabía yo cómo funcionaba aquello.

Las calles estaban repletas de gente; pienso que era lo mejor que se hacía en Semana Santa, aparte de los tronos grandes, pero el de los pequeños es el que más me gusta.

Dos años increíbles, ¿verdad? Pues este es uno de los mejores hechos que me han pasado hasta hoy en día. Nunca olvidaré esa etapa de mi vida, que me marcó mucho como persona.

A los siete años empezaron mis primeras metas para cuando fuera mayor. Y lo primero fue ser profesor en el colegio donde estudié hasta 4.º de ESO.

Aunque uno ya sabe que a lo largo de los años vamos cambiando de metas, pero hay niños que se mantienen desde pequeños queriendo ser lo mismo hasta que lo consiguen, porque persistieron en ello toda la vida. Pero yo sí cambié mucho.

Ahora entramos a una nueva etapa grandiosa de mi vida, donde ya las cosas no son como antes y los gustos que tenía durante esos dos años cambiaron por completo. Ya te digo yo que el único gusto que todavía sigo conservando a día de hoy, porque fue muy importante para mí aunque parezca tontería, es mi película, serie y muñeco de Spider-Man. Porque cuando una persona desde pequeña se encariña tanto con algo, ya no lo deja.

4

Entramos en una época de mi vida un poco rara, pero, a la vez, emocionante. En 2016 y 2017, con ocho y nueve años. Estamos cerca de una experiencia inigualable, pero antes hablaré de estos dos años.

Fueron dos años muy parecidos, por no decir iguales. Ya entramos a 3.º y 4.º de Primaria y las cosas cambiaron bastante. Entramos a un período en el cual mis gustos hacia el futuro se fueron ampliando y lo siguiente que quería era ser constructor. Me mantuve con esta profesión durante un buen tiempo, ya que era un trabajo increíble para mí para esa edad, pero no sabía cuáles iban a ser los pros ni los contras de ese trabajo. Pero, ¿por qué surgió la idea de querer ser constructor de mayor? Y sí, yo desde los 6 años comencé con el gran juego de mi infancia, que todavía, a día de hoy, me sigue gustando, y es Minecraft.

Minecraft es un juego que a mí, desde siempre, me ha encantado entrar al modo de juego de «creativo» y empezar a construir como si no hubiera un mañana. Aunque también hay otro modo de juego que se llama «supervivencia», pero eso ya me gustaba menos, ya que mi pasión era la construcción. Tal vez, de vez en cuando, sí que jugaba al modo de supervivencia, pero no le dedicaba el mismo tiempo que al creativo. Recuerdo que podía echar horas y horas enfrente de mi tableta, construyendo casas, edificios, supermercados…, porque el crear una ciudad siempre ha sido mi principal objetivo, pero continuamente borraba el mundo, porque, a lo mejor, se me ocurría una idea mejor para agregarle a la ciudad; entonces, comenzaba una nueva partida y eliminaba la anterior. Pues ahora que lo pienso, habré creado alrededor de setenta ciudades perfectamente desde que empecé a jugar a este juego. Y la pregunta del millón: «¿No te cansabas de tanto hacer eso?». Pues la verdad es que no, para mí era tan entretenido que no se me hacía pesado, por el contrario, me divertía.

Cambiando de tema, voy a hablar de cómo iba en el colegio.

Cuando era pequeño, me encantaba socializar. Era una persona que cuando te cogía cariño, no te dejaba y, muchas veces, podría llegar a ser pesado. Pero era un niño muy amable, cariñoso, besucón…, que no estoy diciendo que ahora no lo sea, pero ya no soy así como antes.

A partir de los ocho años empecé a estudiar más; ya me iba empezando a preocupar un poco más por las asignaturas.

En el colegio, se me daba muy bien todo, porque era todo mucho más fácil y más simple, entonces, mucha dificultad no había.

Luego, llegó el momento de mi comunión. Hacíamos nuestros ensayos y la verdad es que estaba gracioso, así vestidos, muy formales, con nuestra actuación preparada, lo que teníamos que decir… Fue un momento muy bonito.

Más tarde de la comunión, mi familia y yo fuimos a comer a un restaurante donde tenía un jardín muy grande con colchonetas inflables, y yo era un fanático de ello. Yo siempre me volvía loco cuando veía atracciones como esas. Eran las únicas en las que me quería subir. Pero, bueno, volviendo a mi comunión, también me hicieron muchos regalitos y, por supuesto, el que más me gustó fue el patinete eléctrico.

A mí me encantaba ir por las calles siempre con ese patinete, me divertía mucho.

Meses después, me dieron mi primer móvil, nuestro peor enemigo para ciertas cosas, porque también sirve para muchas cosas buenas; pero lo que ocurría era lo siguiente: tuve por primera vez WhatsApp, pero nunca me acordaba de utilizarlo, ya que el móvil no me entretenía, solo juegos que tenían mis padres o mi hermana descargados en su móvil, pero eso era lo único. Ya que tenía muchos métodos de distracción, como es el fútbol y, sobre todo, jugar con mi muñeco de Spider-Man.

Entonces dejé el móvil, porque no me gustaba tenerlo.

Y ahora es el momento de hablar sobre cómo me fue en los deportes.

A mí siempre me ha gustado el fútbol, de hecho, estaba metido en el equipo de mi escuela. Pero me dejó de gustar y me desapunté. Me disgustó muy rápido y tenía ya muy seguro que no quería estar más apuntado en un deporte. A mí lo que me gustaba era estar en mi casa o en la calle jugando al fútbol; aunque estuviera solo, yo me divertía igual.

Pero siempre había lo típico de cuando juegas en tu casa. Vas con el balón, le pegas una patada y rompes un jarrón; eso nos ha pasado a todo el mundo. O si juego en mi terraza, pues, incluso, embarco el balón a la casa del vecino.

Pero eso es así y no podemos hacer otra cosa. No nos podemos controlar y menos yo, que soy una persona muy nerviosa.

5

2018 y 2019 fueron los mejores dos años de mi vida, y yo creo que para muchos también fueron los mejores. Hay una gran cantidad de cosas que me pasaron estos años y la mayoría fueron acontecimientos felices.

En 2018, con diez años, empiezo ya 5.º de Primaria. Era un curso al que yo le tenía miedo porque desde fuera se veía difícil, pero luego, simplemente, fue otro curso más como los demás.

En ese año, tuve un gran cambio en mí. Empecé a estudiar mucho más y mis notas fueron mejorando de una manera impresionante, ya que nunca había sido tan estudioso como ese año.

Pero empecé a tener inseguridades. Los primeros problemas que tuve y los que aún sigo teniendo actualmente. A mí me preocupaba mucho que me pusieran un negativo cuando a lo mejor me preguntaban de forma oral y no me lo sabía. Ese era mi mayor miedo.

Cuando salía y me ponía en frente de todos para exponer un trabajo, me ponía un poco nervioso y temblaba por los nervios, pero, aun así, lo hacía sin ningún tipo de problema.

Fui más social. A mí no me costaba serlo. Era un niño gracioso. Hacía reír a la clase. Y mejoré mi amistad con todos mis amigos y con mucha más gente de mi entorno.

Pero lo mejor de ese año fue el verano. Tuve una mejor relación con mi primo, del que hablé al principio del libro. Y nos hicimos inseparables.

Yo me iba muchas veces a su casa a dormir y estábamos hasta altas horas de la noche despiertos, jugando un montón a la Play, a nuestro juego favorito. Y luego, al día siguiente, toda la mañana jugábamos al fútbol. Era con la única persona que me divertía de una manera distinta y especial. Más tarde, almorzábamos y después salíamos a la calle para seguir jugando al fútbol, y luego nos íbamos a su piscina. Aburrimiento no teníamos. Era una constante, no parar. Y a la noche, salíamos con sus padres a dar un paseo, pero cuando regresábamos, de nuevo jugábamos toda la noche.

Sin lugar a duda, el mejor año de mi vida

2019, un año en el cual aprendí un montón de manera general. Mi capacidad de estudios fue la mejor, pero todo eso con gran esfuerzo y llevando conmigo mi mayor miedo de sacar malas notas o tener un negativo. Y obvio que había ocasiones en las que suspendía, pero yo siempre quería ir a por el sobresaliente a más no poder.

A pesar de mis inseguridades, 6.º de Primaria fue mi mejor curso. Tuve un profesor impresionante y mis compañeros eran lo mejor; nos divertíamos siempre.

Estábamos todos en nuestro mejor momento, básicamente. Creo que 2019 fue el mejor año para todo el mundo, porque todo cambió a partir de un virus que salió, llamado coronavirus. Pero de eso ya hablaremos más adelante.

Yo estaba deseando que llegara ya el verano, porque quería repetir la misma sensación que tuve en el verano de 2018, ya que estas fueron mis mejores vacaciones.

Mi primo y yo éramos tan inseparables que hablábamos todos los días, jugábamos juntos siempre y, continuamente, nos divertíamos a todas horas. Yo no quedaba con ningún amigo, solo estaba con mi primo. Y no es que yo fuera pesado con él, es que teníamos un vínculo muy fuerte.

Entonces, cuando nos veíamos, eso era lo mejor, la de abrazos que nos dábamos, los ratos de fútbol que echamos todas las tardes, despiertos hasta las 6:00 a. m. Yo creo que debería haber aprovechado más ese momento, porque, a partir de ese entonces, esas emociones, esos juegos y esas actitudes, solo las tuvimos como última vez un verano de 2019…

Hoy en día, cada vez que hablo con mi primo sobre los momentos que echamos tan buenos, nos hace sentir muy felices.

Pero todo cambió cuando, en un momento de la tarde, anunciaron en las noticias que había un nuevo virus que se estaba expandiendo de forma muy rápida. Empezó a haber primeros casos en España.

Mi hermana estuvo de viaje de fin de curso con 4.º de ESO y ellos salieron de España. El problema era que cerrarían las fronteras entre países y mi hermana no podría salir de Inglaterra.

Gracias a Dios, sí pudieron salir, pero días después, en mi colegio, anunció el director que íbamos a estar una semana en casa debido a esta gran pandemia.

Pero las clases iban a ser iguales, pero a través de una videoconferencia. A la semana siguiente, estando en casa, encerrados para que no nos contagiáramos por el virus, dijeron por los telediarios que tendríamos que estar todo el mes de abril metidos en casa. Por una parte, lo veíamos con la versión positiva, porque decíamos que eran vacaciones, pero, por otra parte, también nos mandaban nuestra tarea, vídeos de nuestros profesores explicando un punto del tema que era más complicado, etc.

Los meses de abril y mayo fueron generalmente buenos, pero también un poco aburridos.

En junio se fue un familiar muy querido y eso ya fue lo peor en mí. Aunque ya han pasado cuatro años de esto, todavía lo recuerdo como si fuera ayer. Me marcó mucho.

Finalizando junio y empezando el verano, ya no sentía lo mismo.

Era una persona más seria y más insegura de sí misma. Ya me notaba distinto, pero aunque los tres meses de vacaciones me lo hubiera pasado muy bien, no eran como en años anteriores.

6

Cuatro años muy distintos respecto a los demás. Desde 2020 hasta 2024.

En septiembre de 2020, empecé la etapa de Secundaria. Fue un año escolar muy raro, porque a la vez era divertido, pero en otras ocasiones, lo peor.

La verdad, a mí no me gustó para nada ese año; solo los primeros meses, aun teniendo doce años, ya era todo muy distinto. Muchos más deberes y peores notas. Las exposiciones y las preguntas en clase se volvieron un temor muy fuerte para mí. No puedes imaginar lo que yo sentía cada vez que salía. Tenía mucho miedo de hablar en público.

Minutos antes de exponer, ya me empezaba a encontrar muy mal y temblaba mucho.

Cuando me tocaba salir, eso ya me mataba por completo. Miraba a la clase y veía a todo el mundo mirándome, y yo me ponía fatal. Lo que siempre me causaba era falta de oxígeno, temblar mucho, sudar a chorros y la voz me temblaba mucho, hasta llegar al punto de casi llorar.

No me podía quitar de la cabeza esa sensación tan desagradable que me causaba el cerebro y los latidos tan fuertes que me daban en el corazón.

Cuando terminaba de exponer, aparte de la sensación de alivio, también muchos dolores que se me quedaban durante toda la mañana. A lo largo del día, me dolía mucho la cabeza o la barriga; incluso, falta de apetito… Así que vete haciendo una idea de lo mal que lo pasaba. No era una cosa para tomársela a risas.

Por más que mis profesores hablaban conmigo, siempre me seguía pasando lo mismo, las mismas sensaciones, y, más tarde, los mismos dolores.

Por todo eso, se crearon muchas inseguridades en mí y no me relacionaba con nadie, ni con mis mejores amigos. Ya no era tan social como antes. Y si había niños que yo no conocía, tampoco me acercaba a conocerlos. Era una persona muy asocial. Solo me juntaba con unos amigos, aunque conociera más gente, pero yo solo estaba con los que mejores sensaciones me transmitían.

A lo largo del curso, yo seguía siendo igual, no cambiaba nada. Siempre tenía en mente mis preocupaciones e intentaba todo el rato que no pasara lo malo.

Por otra parte, yo desde siempre he sido un niño que nunca quedaba con mis amigos para salir a dar una vuelta. Siempre me quedaba en casa. Lo cual influyó más en mí, por no haberme relacionado con más gente.

En 2021, parecía que las cosas iban a peor. Mis inseguridades aumentaban. Yo ya estaba destrozado. Tenía muchos malos ratos en el colegio y eso me afectó mucho en mi vida, aun así, nunca hacía el esfuerzo de mejorar, porque, prácticamente, era incapaz.

Todos los años de la secundaria fui muy callado. Pedía ayuda a los profesores para que me tranquilizaran, al menos, con tal de que yo ya razonara de otra manera.

Pedí que no me preguntaran, ya que me ponía fatal; algunos me entendían y me ayudaban psicológicamente, pero hubo un profesor que me ayudó de una manera distinta, y fue a base de acciones. Lo que me quiero referir con esto es a salir aún más a exponer y hacer preguntas orales.

Con esto, yo me ponía, obviamente, peor, porque todo lo que fuera hablar en público se me hacía eterno. Pero es lo que había, y no podía hacer lo contrario.

Yo siempre me comía la cabeza en casa pensando en lo que podría pasar al día siguiente, en vez de aprovechar el tiempo y estar estudiando. Porque muchas veces, en mitad del estudio de una asignatura, desconectaba por completo y pensaba que me iba a poner un negativo al día siguiente, porque no me lo estaba sabiendo bien, ya que no se me quedaban las cosas en la cabeza.

Yo estudiaba de pura memoria. Me machacaba tanto la cabeza, que todos los días acababa de estudiar a las 1:00 a. m., y no es exageración, era una realidad. Porque todas esas cosas que me pasaron se me quedaron muy bien en la cabeza grabadas.

A lo mejor lloraba mientras estudiaba porque me estaba saliendo mal. O cuando ya eran casi las doce de la noche, me quedaba dormido estudiando, y eso es debido a que yo dormía muy poco. Y al día siguiente, me levantaba y seguía repasando por desconfianza en mí mismo, porque siempre estaba pensando que se me había olvidado todo y que no me lo sabría.

Prácticamente, fue el año más odiado de mi vida. Un curso que me costó mucho y que pensaba que nunca se iba a acabar de lo mal que lo estaba pasando.

Pero, a pesar de que todos me ayudaban, yo también era muy cabezón, me metía en la cabeza de que eso no podía ser así y tenía que seguir estudiando. Y, como siempre, todo de pura memoria. Pero obvio que me costaba menos aquella teoría que sí entendía, pero no me percataba en ningún momento de que si lo entiendo antes, más fácil me resultará a la hora de estudiarlo, o si era una exposición, a la hora de hablarlo en público.

Pero cuando fue el verano de 2021, yo estaba que no me lo podía creer. Fueron tres meses de los cuales no me acuerdo de absolutamente nada, así que fíjate lo bien que lo aproveché y de lo bien que desconecté después de tantos agobios, estrés y latidos de corazón que, incluso estando sentado en mi clase, me iba a más de 120 pulsaciones por minuto antes de salir a una exposición o porque me preguntaban de manera oral.

Lo que me ayudó mucho a desestresarme durante este largo año de colegio fue el haberme apuntado a fútbol, y de lo que más me gusta, ser portero.

2022, empezamos un nuevo camino

Aquí ya las cosas empezaron a cambiar. Poco a poco, fui siendo más social.

Yo veía muchos vídeos de mentalidad, de cómo tener más disciplina y todo ese tipo de cosas. Pero no cambiaba mucho, ya que estaba muy centrado en el fútbol. Y la única actividad que hacía cuando tenía tiempo libre era seguir jugando al fútbol.

Entonces, seguí con mis estudios hacia delante, junto con el deporte. Aunque también acababa todos los días los deberes supertarde, y yo ya quería ir poniendo remedio, porque no era normal que yo durmiese tan poco. Quería ponerme un horario para poder dormir más. Pero no lo empezaba a cumplir. Y todo seguía igual.

El estrés que conservaba desde 1.º de ESO parecía que nunca se acabaría, ya que, después de tantos años, era como una costumbre. Pero costumbre, ¿en qué sentido? Yo ya sabía que, por ejemplo, me iban a preguntar oralmente y me iba a poner nervioso, con lo cual me lo preparaba mejor aún. Y, por supuesto, sabía que me iba a poner muy atacado de los nervios y, efectivamente, así sucedió.

Hubo un cambio a la hora de mis nervios, porque años anteriores sentía muchísimos y me causaban bastantes temblores. Pero ya en 2022, cada vez que me pasaba, sentía como una sensación de cansancio; también temblaba, pero menos. Era un malestar profundo lo que tenía, que ya ni me iba la mente bien.

Yo ya estaba muy desesperado, porque me ponía mal casi todos los días.

Yo quería empezar a controlar mi mente. Y una vez que sabes controlar tu mente, eres capaz de controlarlo todo.

Quise empezar a tomármelo más en serio, a hacer más deporte y, sobre todo, a ver vídeos motivacionales, ya que yo de lo que más sufría era de mi mentalidad, que, aunque siempre hubiera sido buena, nunca fui capaz de poder controlarlo yo solito. Era muy desordenado, estudiaba muy mal, es decir, siempre me costaba mucho. No hacía deporte, solo el fútbol, y cuando de nuevo me veía en esa situación, ya se me caía todo el mundo encima. Pero yo nunca hablaba a las personas sobre mis problemas. Siempre los tenía rondando por mi cabeza y pensándolo todo.

Cuando llegó el 31 de diciembre, yo ya estaba desesperado por empezar el año nuevo para poder ser una persona nueva y ser más disciplinado y más constante con mis cosas.

Pero como tengo tan mala suerte, dos días después, me puse malo y me tuvieron que llevar al hospital. Por tanto, perdí el día de Reyes y esos días que había que aprovechar para descansar antes de empezar el colegio. Pues yo no pude disfrutar ningún día. Y los regalos fueron como una cosa más; ya no tenía ilusión de abrirlos. Después de estar tanto en el hospital y haberme recuperado algo mejor, ya no tenía fuerzas para poder cambiar en mí mismo.

Había perdido mucho peso, se me veía mucho más delgado, no comía igual que antes, siendo yo el que más comía de toda mi familia.

En resumen, fue el peor comienzo de año nuevo de mi vida.

Yo ya quería intentar acabar el curso como pudiese, llevando hacia delante todos mis problemas, para que en verano pudiera cambiar adecuadamente y poder razonar las cosas con tranquilidad y saber qué hacer contra mis próximos acontecimientos que vayan a surgir.

Y de nuevo, un curso largo, lleno de cosas que solo me amargaban cada vez más la vida.

Me veía fatal, haciendo todos los días de mi vida lo mismo. Era una rutina en la que yo parecía un robot y que estaba programado para hacer siempre las cosas que hice el día anterior, y así todos los días siguientes.

Meses después, largos, estando muy cansado, de no dormir mucho, estudiar con muchísima constancia, no salir apenas a la calle, porque me quedaba estudiando o aprovechando mi tiempo libre para jugar videojuegos. Pues cada vez que me levantaba por la mañana, me sentaba en mi cama, pensando: «¿Qué es lo que estoy haciendo mal? ¿Por qué acabo todos los días a las doce de la noche estudiando y el resto de las personas salen con sus amigos a las seis de la tarde a dar un paseo o para lo que fuera?».

Yo quería ser como los demás. Veía mucha alegría en sus caras estando en la calle, como si no les importaran los estudios. Y yo para lo único que intentaba salir a la calle todos los días, o al menos cuando podía, era para ir a ver a mi abuela. Y si había algún día que no podía bajar porque tenía muchos estudios, pues yo la llamaba por teléfono para saber si se encontraba bien o tenía alguna dificultad para hacer algo. Yo quería entretenerla, ya que ella siempre se encontraba sola en su casa y yo perdía mi tiempo de estudio para poder llamarla, aunque para mí, estar con mi abuela no era para nada tiempo perdido. No me importaba quedarme hasta las 1 de la mañana estudiando, sabiendo que había logrado poder verla o, aunque fuera, llamarla.

Y ya por fin llegó el verano y todo se sentía muy calmado, sin hacer nada. Pudiendo descansar bien por las noches y sin alarmas al día siguiente.

Un día de finales de junio de 2023, pensé que aquella frase que dije mientras estudiaba muy agobiado, mientras los demás salían a la calle o a jugar, sin estudiar con la misma constancia que yo, y veía que no hacían apenas deporte y a mí me encantaba y que lo practicaba bastante, la frase era que yo quería ser como los demás. Y eso es lo que me llevó a pensar durante un buen rato. Pero dije: «Está bien ser diferente a ellos». No me podía preocupar.

Empecé a hacer comparaciones: ellos salían por las tardes a fumar o a beber, o a salir de fiestas a discotecas hasta las cinco de la mañana, bebiendo y quedándose borrachos. ¿Cómo veía a todos con novias, y yo me quedaba todos esos ratos estudiando y pensando en mi futuro? Entonces, ahí me di cuenta de lo bien que me habían educado mis padres.

Por eso, me motivó mucho más: quería ser diferente a ellos. Cambié mi comida basura por una saludable; aunque pensara que no iba a poder con ello, tenía que ser fuerte y que, para ser alguien en la vida, me tenía que preparar muy bien para poder conseguirlo.

Me levantaba por la mañana todos los días con una alarma, siendo verano, pero a mí me daba igual, porque sabía que me iba a ir a hacer deporte con mi mejor amigo. Y todo ese estrés acumulado se fue disolviendo y ya me sentía mucho más diferente.

Aunque no me notara ningún cambio físico, sabía que estaba haciendo las cosas bien. Lo que sí que noté fue un cambio muy radical en mi mentalidad. Un niño con catorce años planeando cómo poder ser alguien en el futuro y que no solo sea a base de estudiar y que con eso baste todo para, supuestamente, tener un trabajo impresionante en el futuro.

Un 7 de julio, empecé con un reto con el cual me propuse salir a correr. Este reto consistía en hacer todos los días de julio dos kilómetros más corriendo hasta llegar al día en el que me toquen cincuenta kilómetros. Pero cada salida que hacía para correr, tenía que terminarla en menos de veinticuatro horas para poder conseguir un día más del reto.

Entonces, ese 7 de julio, tuve que hacer dos kilómetros corriendo; el 8 de julio, cuatro kilómetros, y así sucesivamente.

El día que hice catorce kilómetros corriendo, decidí tomar un descanso de solo un día, porque me iba a lesionar fácilmente si no descansaba ningún día haciendo lo mismo.

Lo que no entiendo fue que yo dejé el reto un poco inestable. Ya que me fui de Antequera para estar aunque fuera una semana con mi primo, porque él y yo nos veíamos muy poco.

Y estando allí con mi primo, decidí continuar el reto, ya que dije que iba a descansar un día y al final descansé una semana y media. Y claro, yo hice en el pueblo donde vive mi primo los 16 km que me tocaban. Y ese mismo viernes, me levanté muy temprano para hacer los dieciocho kilómetros correspondientes, y no desayuné apenas.

Estábamos a unos 25° C a las 10:00 a. m.; a mí me quedaban nueve kilómetros más todavía. Yo ya estaba a punto de tirar la toalla, pero no quise hacer eso, porque pensé que tenía que hacerlo, ya que era un reto que me propuse y fuera lo que fuera, había que darlo todo cuando te proponías algo. Entonces, después de pensar eso, continué corriendo, habiendo consumido solamente ciento cincuenta calorías y quemando mil calorías de golpe, con esa temperatura que hacía que te dejaba muerto con tan solo salir de tu casa, ya que nos estábamos acercando a los 30° C.

Logré llegar a los dieciocho kilómetros corriendo totalmente seguido. Llegué a mi casa muy mareado y sentía que no podía con mi cuerpo. Necesitaba nutrientes, porque me iba a desmayar. Y comí algo, pero no sabía que a continuación íbamos a ir a una piscina con mis primos y tenía que estar bien para poder meterme a una piscina y nadar bastante, porque todo lo que fuera hacer ejercicio, a mí me flipaba.

Y pude estar bien después de tanto correr y poco haber comido.

Pero yo seguí con el reto, me sentía bien y tenía el presentimiento de que podía continuar todavía, a pesar de lo que me pasó cuando corrí 18 km.

Y así fue, salí el 30 de agosto de 2023 a hacer veinte kilómetros, y lo logré muy fácil, además de llevar un ritmo corriendo superbueno.

Entonces, ya empecé a tomarme el reto más seriamente. Se convirtió en un reto muy personal.

Volví a empezar el colegio en 2023, pero ya es todo muy diferente. Es mi último año de colegio y durante el verano había cambiado mucho. Así, pudiendo hacer muchísimas cosas que meses anteriores no era capaz de hacer.

Mantuve un horario fijo que hice. Y gracias a esto, pude combinar bien mis estudios con el deporte.

Aparte de salir a correr, también hacía calistenia y fútbol.

Cuando llegaba el fin de semana, tenía que hacer el reto, que ya iba por el día en que me tocaba correr treinta kilómetros en menos de veinticuatro horas. Pero claro, los tenía que hacer seguidos casi siempre porque tenía más cosas que hacer. Entonces no me iba a dar tiempo a hacerlos y lo más eficiente era hacerlo todo de golpe y me lo quitaba del medio.

Pero el peor fallo que pude cometer durante el reto fue que se me olvidaba de estirar cuando terminaba de correr. Pero no me causaban muchas agujetas; incluso, al día siguiente me iba a jugar al fútbol, habiendo corrido treinta y seis kilómetros.

Gracias a esto, mi resistencia mejoró muchísimo.

Cuando llegó diciembre, dejé de hacer calistenia, ya que yo tenía pensado acabar el reto antes de que se acabase el año, porque iba con mucho retraso; entonces prefería terminar el reto lo mejor posible. Tenía decidido retomar la calistenia en año nuevo.

Cuando llegó el día en el que tuve que correr 40 km, se empezaron a dificultar las cosas. Los pies los tenía llenos de callos y ampollas. Entonces, cuando terminé ese día, después del tantísimo dolor que había pasado mientras corría, llegué a mi casa y tenía mucha sangre y todas las ampollas abiertas. No quiero hablar de esto, porque sé que es muy desagradable. Yo lo único que quiero que sepáis es que cuando te propones algo y lo dejas a la mitad, sabiendo que podrías haber hecho más, luego viene todo el arrepentimiento encima. Debes luchar, porque te lo has propuesto tú para cambiar como persona y si quieres cambiar, debes sufrir anteriormente, y saber que todo dolor significa que es porque, realmente, quieres conseguir lo que una vez te propusiste.

Y así es como me fue, mucho dolor, pero seguí. Solamente me quedaban cinco salidas para terminar con ese reto tan doloroso, porque, a pesar del dolor que tenía por las heridas en la planta del pie, también las tenía musculares y, sobre todo, en los gemelos. No me podía casi ni mover.

El día de los cuarenta kilómetros lo hice en el puente de diciembre, un miércoles. Pues ese mismo domingo hice los cuarenta y dos kilómetros, menos de una semana de descanso, y todo eso fue para que me diera tiempo a terminar el reto antes de 2024.

Por eso, mi mentalidad ya se fue acostumbrando al dolor y que había que seguir; no podía echarme para atrás y rendirme.

El día de los cuarenta y dos kilómetros fue un día preocupante, porque cuando solamente me quedaban dos kilómetros, empecé a cojear debido a un dolor horrible que tenía muy fuerte en la rodilla izquierda. Por suerte, al día siguiente se me quitó, no sabía cómo, porque ese dolor hacía que no pudiera andar, es decir, tenía que estar sentado todo el rato sin poder mover la pierna, porque, si no, me dolía un montón.

Al estar ya cerca de las Navidades, siendo ya la penúltima semana, tenía que correr cuarenta y cuatro kilómetros. Me levanté un domingo por la mañana a las 8:00 a. m., porque había quedado con unos amigos para que me acompañaran mientras corría y ellos se iban en bici. Recuerdo que ese día el viento iba a casi 40 km/h, pero conforme me iba acercando al monte, más aire hacía, aproximadamente, a casi 60 km/h. Ellos iban en bici por la carretera y yo corriendo detrás, intentando hacer todo lo posible por la rodilla y por el viento.

Cuando nos dimos la vuelta para volver a Antequera, no lo podía creer, porque me estaba empezando a doler la rodilla. El problema era que yo ya sabía que cuando me empezaba a doler, solo podía correr aproximadamente dos o tres kilómetros más. No podía aguantar más tiempo con ese dolor.

Quería ir a mi casa para untarme una crema, para que me doliera un poco menos mientras seguía corriendo. Intentaba hacer todo lo posible.

Pero, claro, solo había corrido diez kilómetros, un cuarto del trayecto. Mientras mis amigos me esperaban, yo estaba curándome un poco, pero ya tenía la rodilla que no me funcionaba más. No podía andar siquiera. Entonces, salí de mi casa y les pedí perdón a los dos amigos que habían venido, porque les hice levantarse muy temprano para ir conmigo. Y yo ya no podía seguir más. Por lo tanto, me quedé en mi casa estudiando mientras la rodilla me dolía un montón.

Y ya llegó la última semana de colegio antes de Navidad y nos dijeron que ese mismo viernes, como no iba a ir prácticamente nadie, pues yo aproveché para hacer, como segunda oportunidad los cuarenta y cuatro kilómetros.

Llegó el día. Llegó aquel viernes que tanto esperaba para correr los cuarenta y cuatro kilómetros. Me levanté temprano, desayuné y me fui.

En un principio, perfecto, corrí los primeros diez kilómetros y los hice muy fáciles. Los siguientes diez kilómetros los quise hacer con un poco más de ritmo, ya que me veía muy bien, llegando a un ritmo de cuatro minutos por kilómetro. Pero no quería llegar a más, ya que mi ritmo de correr siempre era de unos tres minutos por kilómetro.

Cuando llevaba treinta kilómetros seguidos corriendo en una sola mañana, me noté algo en la rodilla, y no quería saber que me iba a quedar a catorce kilómetros de terminarlo.

Entonces, almorcé y una hora más tarde, me fui a terminar los catorce kilómetros que me quedaban, pero ya no era lo mismo, el dolor de mi rodilla fue aumentando y yo solo quería seguir y seguir sin pensar en lo que me podía pasar luego. Solo quería mirar el presente y estar concentrado en correr, intentando evitar de cualquier manera el dolor tan escandaloso de la rodilla.

Llegó el final del día y terminé los cuarenta y cuatro kilómetros. Pero ya era un dolor de la rodilla muy profundo y yo solo esperaba que se me quitara al día siguiente para poder continuar como me pasó cuando hice cuarenta y dos kilómetros. Pero, por desgracia, no fue así.

Pasaron los días y aún tenía ese dolor en la rodilla, y yo no me quería arriesgar a salir a correr, porque ya solo con andar me dolía. Y obvio que también sabía que me iba a pasar algo en el futuro. Entre unas cosas y otras, intentaba todo lo posible para que se me quitara el dolor, pero no se quitaba ningún día. Y a tan solo tres días del Año Nuevo, ya podía confirmar que tenía mi reto totalmente perdido. No me iba a dar tiempo a que un día hiciera cuarenta y seis kilómetros, al día siguiente cuarenta y ocho kilómetros y el 31 de diciembre hiciera los cincuenta kilómetros, ya que el dolor lo tenía siempre presente, y no quería arriesgar mi futuro.

Me dio mucho coraje saber que había perdido el reto de mi vida, en el que había mucha gente que no confió en mí, y aún más rabia me daba que ellos tuvieran la razón y yo no lograse acabarlo. Pocas personas confiaron en mí, en que podía terminarlo, y a ellos les digo que gracias por haber confiado en mí hasta el último momento. Y me sabe mal el haber perdido ese reto a tres días de acabarlo.

Uno mismo tiene que luchar por cada momento de su vida, y tiene que pensar que no es fácil, no hay nada fácil. Porque las cosas fáciles, al final, no las aprovechamos. Cada uno de nosotros tiene que experimentar cosas muy duras en la vida. Hay cosas como las enfermedades o la muerte, que no las vamos a poder cambiar, pero hay otras cosas que, aunque te sucedan, sí que las puedes cambiar, y ahí tiene que entrar tu actitud y tu perseverancia. Sobre todo, valorar lo que tienes a tu lado y eso es lo que tienes que llevar contigo para tirar adelante.

Ten en cuenta que cada vez que nos proponemos un reto nuevo, la persona que empieza el reto no puede ser la misma que la que acaba. Un alumno delante de un curso, un profesor ante una escuela, ante un nuevo curso, un entrenador con un nuevo equipo, una nueva temporada; debemos tener en la cabeza la idea de crecer. ¿Por qué? Porque si tenemos un reto, significa que no estamos preparados todavía para romperlo y nos falta crecer.

Lo que aprendí bastante después de esto era que lo que no puedes pretender es cambiar tu vida únicamente por porqués superficiales, ya que yo estaba muy obsesionado en no ponerme gordo. Por ejemplo, ¿por qué quieres perder todo ese peso? «Ay, para que la gente me vea bien…».

Eso no es un porqué demasiado profundo para llevarte a ti a conseguir ese propósito.

¿Por qué quieres emprender ese proyecto y tener esa libertad financiera? «Ay, porque quiero ganar dinero...».

La vida no funciona así. A lo mejor es que tienes un trauma y te llamaban de pequeño «puta foca» y «gordo», y, por ende, buscas esa transformación física para callarle la boca a todos esos capullos. Eso es un porqué, eso mueve montañas.

A lo mejor quieres emprender porque estás harto de que tu familia imponga límites sobre ti. Porque estás harto de que tus profesores mediocres anden hablando de cosas que no tienen ni idea y porque deseas firmemente y como nadie en este mundo, poder proveer a tu familia de la libertad que tú nunca has tenido.

Eso es un porqué potente. Ese porqué potente es lo que te va a alimentar, es lo que va a sacar esa disciplina en los puntos más críticos del camino.

Antes de empezar el año nuevo, yo tenía ya mis rutinas nuevas de calistenia bien preparadas y un horario de comidas saludables. Yo me preparé muy bien para comenzar bien un nuevo año.

Los primeros días de 2024 estuve haciendo mucha calistenia, y ya solo me quedaba estar preparado para cuando llegase el colegio.

El primer mes de enero fue duro combinar calistenia con el colegio, pero yo intentaba hacer todo lo posible para que me diera tiempo, aunque, a veces, no era así, porque a la vez también quería llevar las horas de sueño correctamente.

Febrero fue el mes donde fui obteniendo más disciplina, a pesar de todos los vídeos que veía diariamente sobre todas estas cosas para mejorar como persona.

A finales de febrero tuve el viaje de fin de curso junto con todos mis compañeros de 4.° de ESO.

Fue un viaje inolvidable y mejor lo es si estás con tus compañeros de colegio.

Ya estando en marzo, me di cuenta de lo rápido que se me habían pasado esos tres meses y no sabía si estaba haciendo bien las cosas, si estaba mejorando mi físico. Lo único que sí sabía era que mi mentalidad ya era muy distinta.

Pasaron los meses y ya me situaba en el último trimestre de mi último año escolar. Fueron tres meses complicados. Tenía que estudiar un montón más. Se notaba bastante la diferencia entre un trimestre y otro. Pero, con constancia y sacrificio, pude llevar todas las asignaturas hacia delante, así obteniendo muy buenos resultados finales.

El 31 de mayo me gradué y ya estaba el curso prácticamente hecho. Solo fueron unos estudios más y nada más.

Ya me tocaba, de nuevo en septiembre, entrar a una nueva época de mi vida…

Es muy importante que para conseguir lo que tú quieres, tienes que pensar que todo va a estar bien, todo va a salir bien. Grandes cosas ocurren en las vidas de aquellos que persisten. Grandes resultados para aquellos que no se rinden. Grandes son aquellos que no tienen miedo y esos somos los que hacemos todas estas cosas.

Recuerda que hoy es la oportunidad y son finitas. Algunas tenemos que tomarlas al 100 %. Dar el máximo como si no hubiese otro día, como si no hubiese otra oportunidad más. Como si cada respiro fuera el último.

Hay que tener actitud. Y pensar de nuevo que todo va a estar bien y que nunca hay que rendirse.

Aunque no hablo ahora con mis amigos igual que como lo hacía antes y eso me preocupa, porque yo siempre me he llevado muy bien con todo el mundo. Todos me caían bien, pero, obviamente, con el paso del tiempo me he dado cuenta de cuáles son esas personas que puedo llevar conmigo para tener ambos un buen futuro.

Luchando por mis sueños

De la forma que quiero empezar esta última parte del libro es para aclarar bien los conceptos de disciplina, constancia y mentalidad.

Esta parte es distinta a los capítulos, en los cuales cuento cómo he sido capaz de mejorar como persona y afrontar mis miedos yo solito.

Para lo que quiero que sirva este libro, principalmente, es para que despiertes, para que te cuestiones que si ellos han podido conseguir la vida que ellos siempre han querido, ¿por qué tú no vas a poder conseguir la que tú quieres?

Lo único que te diferencia a ti de las personas que están donde tú quieres estar, son tus acciones.

Si cambias tus acciones, cambiarás tu destino, y, con perseverancia, sudor y lágrimas, estoy seguro de que llegarás donde quieras. Esta es la realidad.

Sobre los amigos, yo siempre quería tener muchísimos, pero me costaba. Hasta que me di cuenta, con el paso del tiempo, de bastantes cambios en mis amigos.

Ten mucho cuidado con aquellos amigos que camuflan su odio hacia ti en forma de bromas. Porque, a pesar de que todos creemos aquí que todo es muy gracioso y que el humor no tiene límites y tal, debes saber que ellos utilizan esas bromas para camuflar el odio y los celos que tienen hacia ti.

El mayor consejo que te puedo dar ante este tipo de personas es que no toleres que te pisen. No toleres ese tipo de comportamientos y, lo más importante, aléjate de ellas de una santa vez.

Yo, por supuesto, que me he separado de muchas personas, porque ellas han escogido tomar el camino del 99 % de las personas, y yo solo quería ser diferente a todos y demostrar lo que soy capaz de hacer estando solo.

Y cuando vayas a hacer cosas y quieras tener disciplina, lee esto muy atentamente. La disciplina lo puede todo. Da igual la motivación, da igual los objetivos, da igual las ganas, da igual la fuerza, lo que hay que tener es disciplina.

Disciplina quiere decir hacer algo que no te gusta como si te gustase.

Y no perder nunca la constancia, es así como consigues objetivos. Y, para ello, tienes que priorizar. Y si no priorizas, fallas; y si fallas, pierdes la disciplina; y si pierdes la disciplina, lo pierdes todo.

Sin disciplina no vas a llegar a ninguna parte.

No te dejes vencer por el mal, sino vence al mal con el bien.

Nos prometimos a nosotros mismos que íbamos a ser grandes. Nos prometimos a nosotros mismos que íbamos a vencer la oscuridad, que íbamos a ir hasta el final y no nos íbamos a rendir.

Nos prometimos que íbamos a poder demostrarnos que nacimos para grandes cosas y no podemos rendirnos ahora. No podemos parar ahora, no podemos frenar en mitad del camino.

No tenemos que continuar hasta el final; tenemos que ir hasta el final, hacer nuestra la victoria. Conquistar la gloria y morir orgullosamente.

Analízate a ti mismo. ¿Qué haces cuando entras en TikTok? ¿Qué haces cuando entras a Instagram? ¿Qué haces cuando entras a YouTube?

Estas sé que son preguntas muy profundas y a lo mejor me dices, «bueno, pero es que yo entro a entretenerme y tal». Bueno, es que, a lo mejor, ahí reside el problema. Es decir, si tú te entretienes con ese tipo de contenido, a lo mejor, media hora o una hora al día, pues ¿qué quieres que te diga?, no le voy a poner ninguna pega. ¿Cuál es el problema? Cuando pasas dos horas en TikTok, cuando pasas dos horas en Instagram y cuando pasas otras dos horas en YouTube, ahí es cuando realmente tenemos que analizar qué está ocurriendo en nuestra vida.

Todas estas seis horas que estás empleando ahí podrían ser aplicadas a otro tipo de cosas.

Imagínate si dedicas dos horas al día a estudiar inglés, a leer, a salir a entrenar, etc.

Sé que esto es algo muy común y que te puede haber dicho tu madre. Pero párate a pensarlo de verdad, es decir, estás desperdiciando tu vida en una sola pantalla.

Por esto, quiero transmitir un mensaje. Y es que siempre va a haber una última vez para todo.

Siempre va a haber una última quedada con tus amigos. Siempre va a haber una última vez que le digas «te quiero» a tu padre. Habrá una última cena con tus abuelos en Navidad.

Incluso, habrá una última vez que estés en tu casa y te vayas para nunca volver.

Empieza a valorar lo que tienes en tu vida. Porque, al igual que tú te quejas de las situaciones tan «amargadas» que pasas, etc., hay gente que daría lo que fuese por tener una vida como la tuya. Hay gente que daría lo que fuese por tener una familia como la tuya. Hay gente para la que tus problemas son bendiciones.

No te quedes con pelos en la lengua, porque siempre habrá una última vez y siempre te arrepentirás de no haberlo soltado por tu boca.

Eso que te reconcome por dentro de decirle «te quiero» a tu madre… Ten el valor de ir hacia ella y decírselo.

Eso que te reconcome por dentro es decírselo a la chica que te gusta, porque no sabes cuándo llega el final y luego vienen los lloros. Luego, vienen los arrepentimientos.

Una persona que, basándonos en el entorno en que ha crecido, tiene unas barreras mentales delimitadas terribles que no le permiten luchar por lo que realmente quiere. Que da por hecho que el sueldo máximo al que va a llegar durante toda su vida es tres mil euros. Que da por hecho que va a estar en un trabajo que no le gusta.

Dar por hecho es el motivo por el que estás arrastrando tu progreso. Dar por hecho es el motivo por el que no estás consiguiendo lo que quieres conseguir y dar por hecho es el motivo por el que nunca vas a conseguir la vida que siempre has querido.

Y si tú eres una de esas personas que está pasando por esa situación en la que recaes y recaes, te digo que tengas paciencia. Que seas cauto, que tengas calma: tu momento va a llegar. Esto es una prueba del Señor, para demostrar qué tan duro eres.

A ver si te vas a rendir como un cobarde o vas a seguir intentándolo.

Porque aquí fracasa únicamente el que se rinde, no el que no cesa de intentarlo. Es solo una piedra en el camino y has recaído esta semana; bueno, pues céntrate en no recaer la siguiente. Lo hecho, hecho está, ya no lo puedes cambiar.

Y para finalizar este libro, quiero decirte que si estás en una situación dura en tu vida, en la que crees que no puedes salir, o estás batallando contra alguna adicción, te están dando notas y no va bien la cosa, o alguna situación en el trabajo… el primer paso para poder salir de ahí es adquirir una actitud mental positiva. Si no tienes esa actitud, no vas a salir de ahí. No vas a remontar la asignatura. No vas a aumentar tu sueldo. No vas a dar de comer a tu familia y no vas a hacer absolutamente nada.

Porque, muchas veces, el cuerpo es reflejo del alma y, muchas veces, nuestras acciones son reflejo de nuestros pensamientos.

Por ejemplo, si yo pienso que soy una mierda, haré cosas que me harán ser una mierda. Si yo pienso que soy el mejor, haré cosas que me harán ser el mejor.

Simple.